AF337468

LE CRI

DES EMPLOYÉS.

—

RÉPONSE

A MM. DE LA BOURDONNAYE, CASTEL-BA-
JAC, DE VILLÈLE, CORNET D'INCOURT,
DUFOUGERAIS, ETC. ETC. ETC. ETC. ETC.

PARIS,

Chez { DELAUNAY, au Palais-Royal, Galerie de bois;
       PÉLICIER. — Galerie des offices,

—

1817.

LE CRI

DES EMPLOYÉS.

RÉPONSE

A MM. de la Bourdonnaye , Castel-Bajac, de Villèle, Cornet d'Incourt, Dufougerais, etc. etc. etc. etc. etc.

« Des hommes *courageux* oseront attaquer « de front les deux hydres qui nous dévorent , « la *Bureaucratie* et la prodigalité avec laquelle « on accorde les pensions. »

C'est en ces termes que s'est exprimé, à la tribune de la chambre des Députés , M. de la Bourdonnaye dans l'exorde de son opinion sur le projet de Budjet pour 1817.

M. de Castel-Bajac , en parlant sur le même sujet, se demande :

« S'il ne serait pas possible... de *détruire cette*
« *Bureaucratie*, enfant chéri de la révolution
« et qui dévore la substance de l'Etat ; sembla-
« ble à ces plantes vénéneuses qui déssèchent
« l'arbre auquel elles s'attachent. »

D'autres orateurs, antagonistes du projet mi-
nistériel, ont poursuivi avec plus ou moins
d'acharnement cette *Bureaucratie* devenue ,
particulièrement depuis deux ans, le point de
mire de réformateurs, d'économistes aussi humains, aussi désintéressés qu'impartiaux.

Je laisserai à MM. les Préfets, Inspecteurs
généraux , Conseillers d'Etat , et à d'autres
fonctionnaires publics de classes supérieures
le soin de défendre leur cause. Il ne m'appar-
tient pas de venir au secours de personnes
plus puissantes que moi, de fournir des lu-
mières à ceux qui, depuis vingt-cinq ans au
moins, ont eu l'honorable mission d'éclairer et
d'illustrer ma patrie. S'il faut du *courage* à ceux
qui les attaquent , combien plus n'en faut-il pas
à un simple et modeste employé dont toute la
fortune consiste en un traitement au dessous de
2400 f. pour élever sa faible voix en faveur de
ses nombreux collègues qui, répandus sur toute
la surface du Royaume, se trouvent enveloppés
d'un seul coup de filet, dans la proscription pro-

noncée contre eux , le même jour , du haut de la tribune nationale.

Et ce courage dont il faut que s'arme cet Employé ne se glacera-t'il pas, lorsque ses regards inquiets n'auront pas encore aperçu un seul protecteur dans les rangs des Représentans d'un peuple dont il fait partie (1)?

Qu'on ne dise pas à ces pauvres employés qu'ils sont frappés d'une vaine terreur. Leur acte d'accusation est dressé. Ils entendent encore retentir à leurs oreilles ces dénominations effrayantes de *Bureaucrates*, d'*Hydres*, d'*Enfans chéris de la Révolution*, de *plantes vénéneuses* ; ils sont atteints et convaincus de *dévorer la substance de l'Etat*. N'est-il frappé que d'une vaine terreur le prisonnier de guerre, sauvage ou civilisé, qui voit danser autour de son bûcher les cannibales dont il va assouvir à la fois la fureur et la faim ?

Mais, simples et vrais dans notre douleur, plaignons-nous sans faste ; abandonnons les parures de l'éloquence et les faux brillans des périodes sonores à nos adversaires; et pour retarder notre

____

(1) Exceptons-en honorablement M. Jolivet et plusieurs autres membres qui ont fourni quelques arguments en notre faveur dans des discours prononcés pendant que cet écrit était sous presse.

défaite, n'employons contre eux que les armes de la politique, de la justice et de l'humanité. Juges passionnés, ils nous accablent d'injures en nous prononçant notre arrêt; victimes innocentes, conservons, en portant notre appel au tribunal de l'opinion publique, le sentiment des convenances et notre dignité de véritables français.

Rien cependant ne s'oppose, nous aimons à le croire, à ce que, avant de démontrer combien sont iniques les imputations que l'on nous fait d'être *les enfans chéris de la révolution, des hydres qui dévorent la substance de l'état, des plantes vénéneuses,* etc. etc., nous nous permettions d'examiner avec toute la réserve possible, mais aussi avec toute la liberté que l'on ne peut refuser à des hommes calomniés en masse, les titres ou les droits de ceux qui, sans nous avoir ni entendus, ni même prévenus, nous rayent avec autant de légèreté du catalogue des vivans.

» Nous sommes Représentans de la nation, » vont-ils nous répondre; convoqués pour dé- » fendre les intérêts du Peuple, notre devoir est » de signaler, de *détruire* les abus dont il est vic- » time; c'est à ce même peuple seul que nous » devons compte de nos opinions. »

Plein de respect pour leur honorable mission, je demanderai à ces représentans ce qu'ils entendent par le mot *Peuple* dont il est bien édifiant. de leur voir prendre les intérêts, *aujourd'hui,* avec tant de chaleur.

De quoi se compose le Peuple, en France comme ailleurs ? Est-ce des nobles ou des roturiers ? des citadins ou des campagnards ? des pauvres ou des riches ? des savans ou des ignorans ? Je pousserai la question plus loin : le peuple se compose-t-il des honnêtes gens ou des fripons ? J'éntends parmi vous un homme de bonne foi qui me répond que le peuple se compose aujourd'hui, et surtout en France, de toutes les classes réunies, et qu'aucune d'elles, séparément, tout illustre, toute puissante, ou toute nombreuse qu'elle puisse être, n'a le droit de s'appeler le peuple ou la nation.

Ce que vous appelez la *bureaucratie* est donc une partie du peuple, ainsi que la noblesse, la magistrature, le commerce, l'industrie, etc. etc. Vous mêmes, à quelque classe que vous apparteniez, si vous ne faisiez pas partie du peuple, vous n'en seriez pas les Représentans : nous vous avons donc conféré nos pouvoirs, confié nos intérêts ? Est-ce en nous proscrivant, est-ce en faisant de nous en France ce que sont les *Parias,* dans l'Inde, que vous répondez à notre confiance ? Ennemis jurés, s'il faut vous en

croire, de tous principes révolutionnaires, vou-
driez-vous, cependant, marcher sur les traces
des Jacobins vos anciens prédécesseurs, qui li-
vrèrent tour-à-tour à la fureur de la populace
(qui n'est pas le peuple) les nobles, sous la dé-
nomination d'aristocrates; les prêtres sous celle
de fanatiques; les magistrats et les financiers sous
celle de sang-sues de la nation. Déjà, et les amis
de la paix et du bonheur public en frissonnent,
déjà, vous avez votre *côté droit* et votre *côté
gauche*; vos *ministériels* et vos *ultrà-royalistes*,
craignez d'avoir un jour votre *montagne* et
votre *marais*. « *Hoc Deus omen avertat !!!*

Passe encore cette manie de vous distinguer
entre vous par des dénominations ridicules ou
injurieuses, si l'effet ne devait jamais s'en faire
sentir au dehors de votre assemblée, et si l'expé-
rience de ces tristes années, qui ne sont pas encore
assez loin de nous, ne prouvait que l'explosion
en est toujours fatale au salut de l'état, par les
factions qu'elles font naître ou qu'elles entre-
tiennent. Toute la France alors pourrait sourire
en voyant ses graves représentans oublier dans
la chaleur de leurs discussions; la clarté du rai-
sonnement pour le galimathias, l'urbanité pour la
rusticité et le dictionnaire de l'académie pour le
dictionnaire néologique de feu *Mercier*. Lors-

que vous serez dégoûtés du ridicule et de l'inconvenance de ces abus, un bon article de réglement intérieur y pourra mettre ordre.

Mais depuis quand des fondés de pouvoirs ont-ils le droit d'insulter et de proscrire la totalité ou une partie de leurs mandataires ? Du substantif *Bureaucratie* se forme naturellement l'adjectif *Bureaucrate;* et qui ne se rappelle jusqu'où l'ignorance et la mauvaise foi, dans tous les partis, ont poussé la haine contre ceux que la révolution avait désignés comme *Aristocrates,* et comme *Démocrates* ? A-t-on oublié la sanguinaire influence de la chanson intitulée : *ah ! ça ira, les aristocrates à la lanterne* ? Est-ce en multipliant les partis, que l'on parvient à les réunir? Dans quel affreux abîme notre patrie va-t-elle retomber si, par droit de représailles, des milliers de pères de famille que vous dévouez injustement à la vengeance du peuple, en les signalant comme des *hydres* qui *s'engraissent de sa substance,* surnommant quelques-uns d'entre vous du sobriquet de *tribunocrates,* les désignent à ce même peuple comme ses ennemis les plus acharnés, malgré leur masque d'une fausse popularité, comme les antagonistes les plus implacables de la puissance royale dont ils s'obstinent à contrarier sans cesse les vues de clémence et de pacification.

A ces motifs suggérés par la saine politique, ajoutons-en un que le démon de la discorde, la rage de perpétuer la révolution, le génie du mal enfin, pourraient seuls méconnaître. Dans quels rangs repoussez-vous les nouvelles victimes de votre économie illusoire? Elles seront par milliers je viens de le dire; et leurs femmes, leurs enfans, les domestiques, les marchands, les ouvriers qu'ils employent, et dont le sort s'attache au leur, vont tripler, quadrupler, quintupler peut-être ce nombre, qui, pour être inconnu n'en devient que plus effrayant. Forcés, même contre leur conscience pour la plupart, de mandire un gouvernement qui les réduit à la mendicité, de haïr une patrie qui n'est plus pour eux qu'une cruelle marâtre, ils fuiront des bras de ce roi sensible et généreux du sein duquel vous les aurez arrachés, les plus déterminés pour se ranger sous les bannières de la révolte et d'une nouvelle anarchie dont vous pourrez être victimes; les plus indifférens pour aller mendier leur subsistance chez l'étranger moins barbare que leurs compatriotes; les plus découragés pour terminer tragiquement une existence dont le fardeau ne leur sera plus supportable.

Banqueroutes, Conspirations, Émigrations,

Suicides : voilà les résultats de vos sublimes projets de salut pour la France : éloquents Économistes, voilà vos titres aux nouveaux triomphes que vous vous ferez préparer à votre retour auprès de vos commettans !!!

Telle est la destinée que l'on réserve à des Français dont le seul crime est de servir leur patrie autrement que les agriculteurs, les artisans et les gros capitalistes ; d'avoir reçu de la nature et de leur éducation le talent de méditer dans le silence de l'étude ces questions administratives, contentieuses et réglementaires, dont une rédaction claire et précise consolide le plus souvent la fortune, maintient tous les droits, veille à la sûreté de leurs concitoyens ; étude dont la fatigue et les dégoûts ne sauraient être depuis long-temps compensés par la modicité de leur salaire ; et ce salaire s'affaiblit encore de jour en jour par les retenues dont une loi juste leur ordonne le sacrifice, par l'augmentation croissante des denrées de stricte nécessité, par les impôts de toute nature, par les dépenses indispensables du service militaire dans cette garde civique dont ils se font tous honneur d'être membres ; de cette garde nationale dont la régularité, la discipline et le zèle ont sauvé trois fois la Capitale, ont conservé l'honneur à la France et qui ne serait pas le plus faible appui du trône s'il était menacé. Ah ! lorsque , privés de leur état ; livrés à la misère la plus profonde; contraints, pour soutenir les restes d'une vie infortunée, de donner, peut-être pour un morceau de pain, leur uniforme et leurs armes, il leur faudra renoncer à la douce fatigue d'assurer le repos de leurs compatriotes et du noble petit-fils de Henri IV ; par quel effort de génie remplacerez-vous, incomparables Législateurs, dans cette milice , qui enrichit à-la-fois et protège l'état, ces *hydres* que vous accusez d'en dévouer la substance , ces *plantes vénéneuses* qui défendent la tige des lys contre les insectes qui s'efforcent d'en faire périr la racine, ces *enfans chéris de la révolution* qui en déplorent les excès passés , qui en supportent avec résignation les conséquences funestes, et qui crient anathème sur quiconque nous en voudrait faire remonter le cours.

Mais s'efforcera-t-on de répondre aux Employés , ce n'est pas vous que notre opinion menace. Vous n'êtes ni ministres d'état , ni sous-secrétaires-d'état , ni conseillers-d'état , vous êtes même, très-peu de chose dans l'État. A d'autres, répliqueront-ils tout tremblans; croyez-vous que nous ne savons pas notre bon Lafontaine par cœur ? que lit-on dans les *animaux malades de la peste* ? quelques passages comme ceux ci.

...Manger moutons, canaille, sotte espèce,
Est-ce un péché ? non, non, vous leur fîtes, seigneur,
   En les croquant, beaucoup d'honneur.

Et puis,

   .....On cria haro sur le baudet.
Un loup quelque peu clerc prouva par sa harangue,
Qu'il fallait dévouer ce maudit animal,
Ce pelé, ce galeux d'où venait tout le mal.
Sa peccadille fut jugée un cas pendable.
Manger l'herbe d'autrui quel crime abominable,
   Rien que la mort n'était capable
D'expier ce forfait ; on le lui fit bien voir.
Selon que vous serez puissant ou misérable,
Les jugemens de cour vous rendront blanc ou noir.

Lorsque depuis deux ans ou dix-huit mois, il s'est fait dans les divers ministères et administrations publiques des réformes, que commandait une sévère économie, sur qui ces suppressions ont-elles frappé ? Il n'a guère été possible de dire :

   Fulmina feriunt montes.

et si quelques chefs de division ou autres Em-

ployés à gros appointemens, ont été forcés de céder à l'opinion publique, ils ont, après s'être bien
fait tirer l'oreille, emporté dans leur paisible
retraite des consolations d'un poids assez consi-
dérable pour leur faire oublier l'éclat et la va-
nité de leurs places.

Mais, continuera-t-on de dire aux trembleurs,
les traitemens des simples Employés, sous-chefs,
rédacteurs, commis d'ordre, expéditionnaires,
sont à l'abri des mesures économiques que com-
mandent les circonstances : bon, bon, s'écrieront-
ils à-la-fois, les petits ruisseaux font les grandes ri-
vières; tous les moyens sont bons, pourvu que l'on
économise, et dût un seul homme méditer,
rédiger, expédier, signer, contre-signer, enve-
lopper et faire partir les dépêches, au moyen
d'une augmentation raisonnable de traitement,
il fera bon au gouvernement de la part de six in-
dividus qui mourront de faim.

Mais si le projet des ministres est adopté,
contre l'opinion des défenseurs de l'économie,
qu'aurez-vous encore à craindre ? Presqu'autant
que si leur opinion passe. Nos Ministres, humains,
sans doute, et plus à portée d'apprécier le mérite de
ce qu'on peut appeler la classe ouvrière des bu-
reaux que certains représentans qui voyent trop
en grand pour apercevoir les détails, feront ce qu'ils

pourront pour ne pas augmenter le nombre des malheureux ; mais, soumis chaque année à la censure de la tribune, à la férule législative, ils se verront forcés de céder à des atteintes renouvelées sans cesse, à des efforts qui, pour être souvent repoussés, ne sont pourtant jamais sans effet, et la *Bureaucratie*, au lieu de tomber en masse et de mourir d'un seul coup, sera démolie en détail et périra de langueur.

Maintenant donc, ô mes chers et infortunés Collègues, nous, à qui l'âge et les forces ne permettent plus d'apprendre à remuer le hoyau, ni la bêche, qui n'avons fait aucun apprentissage pour exercer un art ou un métier quelconque ; faisons une pétition à la chambre des Députés pour obtenir, comme dernière marque de leur commisération, qu'il soit établi dans plusieurs endroits de la France, des hospices convenables, destinés à servir de retraite à ceux d'entre nous qui seront atteints de la *foudre économique*. Les frais de ces établissemens pourront être faits sur la caisse des réformes. En employant ces économies avec économie, nous aurons l'espoir d'avoir jusqu'à la fin de nos jours, du pain solide et nourrissant, de l'eau bien claire, des vêtemens bien chauds et des abris bien clos et bien sûrs, Si, pourtant, ce que je n'ose croire, leur oreille et leur cœur se fermaient hermétiquement à nos justes doléances, croyez-moi, payons nos créanciers, ne nous révoltons pas, n'émigrons pas, ne nous jetons pas à l'eau, mais résignons-nous, aidons-nous mutuellement, et crions jusqu'au dernier soupir :

VIVE LE ROI ! VIVE LOUIS XVIII !

Puissions-nous être certains qu'il vivra cent ans, comme nous le sommes qu'il ne désire que la tranquillité de la France et le bonheur de ses sujets.

E. A. D......N.

Nota. Il ne faut pas perdre de vue, en lisant cet écrit que l'on y plaide la cause des employés inférieurs de *toutes* les administrations publiques de la France dans les quatre-vingt et tant de départemens. Quoique les Employés de Paris soient en assez grand nombre, cette capitale n'en fournit pas la centième partie.

De l'Imprimerie D'ABEL LANOE, rue de la Harpe.

www.ingramcontent.com/pod-product-compliance
Lightning Source LLC
Chambersburg PA
CBHW061841060726
47597CB00008B/3569